Inhalt

**Branchenreport ENERGIE & ROHSTOFFE
Ausgabe 1/2011**

GENIOS BranchenWissen Nr. 05/2011 vom 13.05.2011

Branchenreport ENERGIE & ROHSTOFFE Ausgabe 1/2011

Anja Schneider

Kernthesen

- Deutschland erzeugt seinen Strom zu knapp 24 Prozent aus heimischer Braunkohle und zu über 22 Prozent aus der Kernenergie. Die Erneuerbaren Energien haben inzwischen einen Anteil von über 16 Prozent.
- Bei Öl und Gas ist Russland der Hauptlieferant Deutschlands. Der aktuelle Krisenherd Libyen hat einen Anteil von 7,8 Prozent.
- Die vier großen Stromversorger Deutschlands sind Eon, RWE, EnBW und

Vattenfall.

- Schwellenländer wie China, Indien, Russland und Brasilien dominieren die weltweite Energienachfrage.

Beitrag

Breiter Energiemix in der deutschen Energieversorgung

Insgesamt wird die Energieversorgung der Bundesrepublik durch einen breiten Energiemix gesichert. Mineralöl bleibt der mit Abstand wichtigste Energieträger für Deutschland. Auf Platz zwei liegt das Erdgas. Die Struktur des Primärenergieverbrauchs nach Energieträgern hat sich im Vergleich zu den Vorjahren nur wenig geändert. 2010 weiteten vor allem Steinkohle und die erneuerbaren Energien ihre Anteile aus. [Abb. 1]

Primärenergieverbrauch 2010 wieder gestiegen

Im Zuge der Konjunkturbelebung legte der Energieverbrauch in Deutschland im vergangenen Jahr kräftig zu, teilte die Arbeitsgemeinschaft Energiebilanzen (AGEB) in ihrem kürzlich erschienenen Jahresbericht mit. Nach den

Berechnungen der AGEB lag der Energieverbrauch 2010 bei knapp 480 Millionen Tonnen Steinkohleeinheiten Energie (Mio. t SKE), was einem Anstieg von 4,6 Prozent gegenüber dem Vorjahr entspricht. Damit verbrauchen die Deutschen derzeit weniger Energie als noch im Jahr 2008. (1)

Erneuerbare Energien legen bei heimischer Energiegewinnung weiter zu

Der Energiebedarf Deutschlands kann nur zu einem knappen Drittel aus heimischen Energiequellen gedeckt werden. Rund Dreiviertel müssen aus dem Ausland importiert werden. Der wichtigste einheimische Energieträger ist die deutsche Braunkohle mit einem Anteil von rund 38 Prozent; ihre Förderung stagnierte im vergangenen Jahr. Auf Vormarsch sind die erneuerbaren Energien; sie legten um knapp zehn Prozent zu und rangieren damit auf Rang zwei der einheimischen Energiegewinnung mit einem Anteil von 32,8 Prozent. (2)

Eon und RWE in Europas Top Liga

Die vier großen Stromversorger Deutschlands sind Eon, RWE, EnBW und Vattenfall. Sie erzeugen mehr als achtzig Prozent des Stroms. Insgesamt gibt es rund 900 Versorger, die meisten jedoch haben keine eigenen Kraftwerke und kaufen bei Konzernen oder an der Börse Strom. Es gibt mehr als 700 Gasversorger in Deutschland. Der Großhandel wird von EON Ruhrgas dominiert, über den nach Angaben des Kartellamts gut 60 Prozent des inländischen Gasaufkommens fließt.

Die Top-5-Energieversorger Europas sind die französische **GDF Suez/International Power** (mit 83,8 Milliarden Euro Umsatz in 2010), die deutsche **Eon** (81,8 Milliarden Euro), die französische **Elecricité de France EDF** (66,3 Milliarden Euro), die italienische **Enel** (62,2 Milliarden Euro) und die deutsche **RWE** (46,2 Milliarden Euro). Ebenfalls in der Top Liga rangieren die Versorger Endesa und Iberdrola. Der weltgrößte Gaskonzern ist die russische Gazprom. (3)

Wichtige Segmente der Energie- und Rohstoffwirtschaft im Einzelnen

Strom

In der deutschen Stromwirtschaft sind rund 120 000 Menschen bei gut 1 100 Unternehmen beschäftigt. Stromerzeugung und -verbrauch legten im vergangenen Jahr wieder zu. Die Bruttostromerzeugung stieg 2010 im Vergleich zum

Vorjahr um 4,7 Prozent auf 621 Milliarden Kilowattstunden. Braunkohle und Kernenergie haben in der Stromerzeugung die höchsten Anteile. Die Stromerzeugung auf Basis Erneuerbarer Energieträger konnte sich weiter erhöhen und das Erdgas überholen. (4), [Abb. 2]

Der Bruttostromverbrauch von Industrie, Handel, Gewerbe, privaten Haushalten, Verkehr und öffentlichen Einrichtungen stieg konjunktur- und witterungsbedingt im vergangenen Jahr um 4,3 Prozent auf 604 Milliarden Kilowattstunden.

Deutschland exportiert und importiert Strom. Geliefert wird vor allem an Österreich, die Schweiz und die Niederlande. Importiert wird vor allem aus Frankreich und Tschechien. Insgesamt wird ein Ausfuhrüberschuss erzielt.

Die Strompreise für die Haushalte waren 2010 höher als im Vorjahr. Ein Drei-Personen-Musterhaushalt mit 3 500 Kilowattstunden Jahresverbrauch zahlte 2010 etwa 38 Prozent mehr für den Strom als noch 1998. Allerdings wurde ein großer Teil des Anstiegs durch die wachsenden staatlich verursachten Belastungen (Mehrwertsteuer, Konzessionsabgabe, Erneuerbare-Energien-Gesetz, Kraft-Wärme-Kopplungs-Gesetz, Stromsteuer, Emissionshandel) verursacht. Der Strompreis ohne Steuern, Abgaben und Umlagen sank im Jahr 2010 um 1,5 Prozent und lag lediglich acht Prozent über dem Wert von 1998. (2)

Erdgas

In den ersten Monaten des Jahres und zum Jahresende 2010 war es kalt. Der Erdgasverbrauch der privaten Haushalte, der Gewerbe- und Dienstleistungsunternehmen und der Industrie stieg daher um 4,2 Prozent auf 104,5 Mio. t SKE. Der Erdgasanteil an der gesamten Brutto-Stromerzeugung betrug knapp 14 Prozent. (1)

Die heimische Erdgasförderung ging weiter zurück. Damit basieren nur noch elf Prozent des Erdgasaufkommens auf deutscher Förderung; 89 Prozent werden importiert. Wichtigstes Importland blieb Russland mit einem fast unveränderten Anteil am Erdgasaufkommen von 33 Prozent. Der Anteil Norwegens blieb auf bei 29 Prozent und liegt vor den Niederlanden (22 Prozent); die restlichen fünf Prozent verteilten sich auf Dänemark, Großbritannien und andere Länder.

Der Trend zu Erdgasheizungen lässt nach. Der Bestand an Erdgasheizungen blieb 2010 nahezu gleich. Alternative Heizsysteme gewinnen an Bedeutung. Insgesamt waren am Jahresende 2010 rund 18,7 Millionen Wohnungen oder 49 Prozent des Bestands mit einer Erdgasheizung ausgestattet. Bei den zum Bau genehmigten neuen Wohnungen lag die Erdgasheizung bei einem Marktanteil von fünfzig Prozent. Das war etwa ein Prozentpunkt weniger als im Vorjahr.

Die Import-Preise für Erdgas stiegen im Jahresverlauf an (zeitverzögert wegen Ölpreisbindung!) und mit ihnen auch die inländischen Abgabepreise. Dennoch blieben sie im Jahresvergleich unter dem Vorjahr. Bei den Haushalten beispielsweise waren die Preise im Dezember 2010 nur um 2,5 Prozent höher als im Dezember 2009, im Jahresvergleich aber um fast neun Prozent niedriger; ähnlich sah die Situation beim Handel und Gewerbe aus. (2)

Steinkohle und Braunkohle

Die Steinkohle erlebte im vergangenen Jahr eine kleine Renaissance! Der Verbrauch an Steinkohle, der im Vorjahr besonders stark eingebrochen war, stieg kräftig um mehr als 15 Prozent auf 57,8 Millionen Tonnen Steinkohleeinheiten Energie. Die Hochöfen der Stahlindustrie waren wieder besser ausgelastet und in den Kraftwerken wurden zur Strom- und Wärmeerzeugung sehr viel mehr Steinkohlen verfeuert. Weil die eigene Förderung kontinuierlich zurückgeht, musste Deutschland kräftig importieren. Das meiste kam aus Russland (28 Prozent), Kolumbien (19 Prozent) sowie die USA und Polen (jeweils 14 Prozent). Die Anpassung des heimischen Steinkohlenbergbaus im Rahmen der Vorgaben des Steinkohlefinanzierungsgesetzes verlief 2010 planmäßig. Zum 1. Oktober war das Bergwerk Ost stillgelegt worden, so dass sich die Produktion in Deutschland auf noch fünf Steinkohlenbergwerke erstreckte. Der Steinkohlebergbau steuert nur noch weniger als zehn Prozent zur inländischen Energiegewinnung bei. Zum Ende des Jahres 2018 soll die subventionierte Förderung der Steinkohle in Deutschland sozialverträglich beendet sein. Um diese Abwicklung des deutschen Steinkohlebergbaus kümmert sich die Bergbaugesellschaft RAG (ihr weißer Bereich" aus Chemie, Energie und Immobilien firmiert heute unter Evonik).

Der Primärenergieverbrauch an Braunkohle lag mit 51,5 Millionen Tonnen Steinkohleeinheiten Energie leicht über dem Niveau des Vorjahres. Die Braunkohle deckt damit weiterhin rund elf Prozent des deutschen Energiebedarfs. Der Braunkohlebedarf kann komplett aus dem heimischen Bergbau gedeckt werden (Rheinland, Lausitz, Mitteldeutschland, Helmstedt). Die Braunkohle ist mit einer Jahresförderung von knapp 170 Millionen Tonnen der wichtigste heimische Energieträger. Die deutsche Braunkohlenindustrie hat im Jahr 2010 insgesamt 92 Prozent ihrer Produktion für die Erzeugung von Strom und Fernwärme in Kraftwerken der allgemeinen und industriellen Versorgung zur Verfügung gestellt. Insgesamt gibt es in Deutschland im Braunkohlenbergbau und in der Stromerzeugung auf Braunkohlenbasis gut 50 000 Arbeitsplätze. In der Braunkohle selbst lag die Zahl der Beschäftigten Ende 2010 bei etwa 22 700. (1), (2)

Mineralöl

Der Ölverbrauch in Deutschland erhöhte sich 2010 insgesamt um gut ein Prozent auf 161,3 Millionen Tonnen Steinkohleeinheiten Energie. Mineralöl bleibt mit einem Anteil am Primärenergieverbrauch von 33,7 Prozent der mit Abstand wichtigste Energieträger für Deutschland. (1)

Die inländische Mineralölförderung trägt nur mit etwas über drei Prozent zum Aufkommen der heimischen Energieressourcen bei. Im vergangenen Jahr ging die deutsche Raffinerieerzeugung weiter zurück. Deutschlands wichtigster Energieträger muss also fast vollständig aus dem Ausland importiert werden. Dabei kommen 36 Prozent aus Russland, gefolgt von Großbritannien (14 Prozent), Norwegen (9,5 Prozent), Kasachstan (8,7 Prozent) und Libyen (7,8 Prozent). (2)

Die internationalen Ölpreise sind 2009 und 2010 tendenziell wieder deutlich gestiegen. Im Jahresdurchschnitt verteuerte sich beispielsweise die Rohölsorte Brent UK (Nordsee) von 62 US-Dollar je Barrel im Jahr 2009 um rund 29 Prozent auf 79 US-Dollar je Barrel im Jahr 2010. Infolgedessen verteuerten sich die Mineralölprodukte wie Heizöl, Benzin und Diesel. Der Absatz an Dieselkraftstoff steigt seit nunmehr fünf Jahren an. Der Benzinabsatz hingegen geht seit elf Jahren kontinuierlich zurück. Auch schweres Heizöl wird immer weniger benötigt, weil mit anderen Energieträgern geheizt wird. Leichtes Heizöl konnte 2010 wieder etwas mehr verkauft werden. Die boomende Konjunktur in der Petrochemie ließ den Bedarf an Rohbenzin, aber auch an Flüssiggas, den wichtigen Einsatzstoffen für die Erzeugung von Äthylen, Propylen u.a., um acht Prozent steigen.

Zu den weltweit führenden Ölkonzernen zählen **Exxon** (USA), **Petrochina** (China), **Shell** (GB, NL), **BP** (GB) und **CNOOC** (China). Zieht man die vorhandenen Öl- und Gasreserven ins Kalkül, sind die Staatskonzerne National Iranian Oil, Saudi-Arabian Oil, Qatar General Petroleum, Iraq National Oil, Petroleos de Venezuela und der russische Ölgigant Rosneft zu berücksichtigen. (5)

Kernenergie

Deutschland erzeugt seinen Strom zu über 22 Prozent aus der Kernenergie (Plus 4,2 Prozent im Vorjahresvergleich). Die Kernkraft rangiert damit gleich hinter der Braunkohle. (1)

Am 11. März beschädigte ein starkes Erdbeben und ein dadurch verursachter Tsunami das Kernkraftwerk Fukushima in Japan. Große Mengen radioaktiven Materials wurden freigesetzt. Die deutsche Bundesregierung reagierte auf diesen Nuklearunfall mit dem Atom-Moratorium vom 14. März 2011. Demnach sind die sieben ältesten Kernkraftwerke für drei Monate stillzulegen; alle 17 deutschen Meiler sollen einer Sicherheitsprüfung unterzogen werden. Ob dies der Wiedereinstieg in den deutschen Atomausstieg ist, ist noch ungewiss.

Erneuerbare Energien

Die Erneuerbaren Energien (Wasser, Wind, Photovoltaik, Biomasse, Müll, Solarthermie, Geothermie) sind inzwischen ein wichtiger Wirtschaftsfaktor in Deutschland. Aus den Erneuerbaren Energien werden in der Energiewirtschaft Strom, Wärme und Kraftstoffe erzeugt. Mit 54 Prozent geht über die Hälfte der Erneuerbaren Energie in die Bereitstellung von elektrischer Energie, 36 Prozent fließen in die Wärmeerzeugung (zu 92 Prozent aus Biomassen!) und rund zehn Prozent dienen der Bereitstellung von Kraftstoffen (vollständig aus Biomassen!).

Absoluter Gewinner war 2010 die Photovoltaik, also die Stromerzeugung aus Sonnenenergie: An den erneuerbaren Energien zur Stromerzeugung war sie im vergangenen Jahr zu sechs Prozent beteiligt (2009 waren es erst 3,6 Prozent). Der Anteil der Photovoltaik an der gesamten Stromerzeugung liegt allerdings erst bei knapp zwei Prozent.

Verloren hat wegen ungünstiger Windverhältnisse die Windkraft: Sie lieferte um 5,5 Prozent weniger Strom. Biomasse und Biokraftstoffe legten um knapp vier Prozent zu, die Stromerzeugung aus Wasserkraft (ohne Pumpspeicher) wuchs um drei Prozent. (1), [Abb. 3]

In Deutschland soll der Anteil Erneuerbarer Energiequellen am gesamten Endenergieverbrauch bis zum Jahr 2020 auf 18 Prozent erhöht werden. Der Anteil Erneuerbarer Energien am Stromverbrauch soll bis 2020 auf 30 Prozent und im Wärmebereich auf 14 Prozent steigen.

In der Windenergie-Branche arbeiten etwa 100 000 Menschen. Im Jahr 2010 standen in Deutschland 21 607 Windräder mit einer installierten Leistung von 27 214 Megawatt. Sie speisten 37 Milliarden Kilowattstunden Strom ins Netz ein. Ihr Potenzial liegt weit höher: Fünfzig Milliarden Kilowattstunden könnten es bei besseren Windbedingungen sein! 2010 wurden nur 754 Windenergieanlagen neu installiert, 33 davon Offshore, also im Meer. Den größten Anteil an der neu installierten Leistung hatte der Hersteller **Enercon** (mit 59,2 Prozent). Weltmarktführer **Vestas** aus Dänemark ist in Deutschland momentan die Nummer 2 (mit 14,6 Prozent). Dahinter folgen **REpower System**, **Nordex** und **Bard**. (6)

In der deutschen Solarwirtschaft arbeiten nach Angaben des Bundesverbandes für Solarwirtschaft (BSW) 2010 rund 150 000 Mitarbeiter bei über 15 000 Unternehmen (davon 350 Produzenten). Insgesamt sind auf deutschen Dächern und Fassaden rund 2,3

13

Millionen Solaranlagen für Strom und/oder Wärme installiert. Der Photovoltaik-Anteil am deutschen Stromverbrauch liegt bei zwei Prozent. Die Branche plant einen Anstieg auf 25 Prozent bis zum Jahr 2050. Der Solarthermie-Anteil am deutschen Stromverbrauch liegt derzeit noch unter einem Prozent. Die Branche plant einen Anstieg auf dreißig Prozent bis zum Jahr 2050. China produziert weltweit die meisten Solarzellen. Zu den größten Solarzellenherstellern gehören die amerikanische First Solar, die chinesische Suntech Power, die japanische Sharp, die deutsche Q-Cells und die ebenfalls chinesischen Anbieter Yingli und JA Solar. (7), (8)

Rohstoffe: Bergbaubranche profitiert wieder vom Rohstoffhunger der Schwellenländer

Der Bergbaubranche geht es wieder ausgezeichnet, nachdem die Wirtschaftskrise für einen mächtigen Preisverfall auf den Rohstoffmärkten gesorgt hatte. Doch der Rohstoffhunger Chinas, Indiens und anderer aufstrebender Schwellenländer ist ungebrochen riesig und die Bergbaubranche erlebt ihr Comeback. Das weltweite Geschäft wird von nur wenigen Bergbauunternehmen bestimmt: BHP Billiton (Großbritannien-Australien) die brasilianische Companhia Vale do Rio Doce CVRD, die australische Rio Tinto, die britische Anglo American und die Schweizer Xstrata.

Zu Ruhm gelangten im vergangenen Jahr die

Seltenen Erden. Hierbei handelt es sich um Metalle wie Lanthan, Praseodym oder Ytterbium, die sich in fast allen Hightech-Produkten unserer Zeit befinden, also in iPhoes, Windturbinen, Katalysatoren oder wiederaufladbaren Batterien. Dabei ist die Welt quasi von China abhängig, da dort derzeit weltweit 97 Prozent der benötigten Menge gefördert wird. China hat 2010 den Export um 72 Prozent gedrosselt und in der ersten Jahreshälfte 2011 soll er um weitere 35 Prozent zurückgehen. Dies wirkte wie ein Weckruf für die Bergbauunternehmen, die nun darüber nachdenken, die anderen Vorkommen in Ländern wie Südafrika, Indien, Brasilien, USA und Australien zu erschließen. (9)

Weitere Wirtschaftsräume

Nicht nur Deutschlands, auch Europas Importabhängigkeit ist hoch. Erdöl, Kohle und Erdgas müssen zu 56 Prozent importiert werden, Tendenz weiter steigend bis auf achtzig Prozent (so das EU-Grünbuch). Um in Europa Versorgungssicherheit herzustellen, müsse man die Energie einerseits effizienter nutzen, andererseits auf Kernenergie und regenerative Energien setzen.

Es bleibt auch nach Fukushima dabei: die globale Renaissance der Kernenergie geht weiter. China hat 13 Reaktoren am Laufen und 25 weitere werden gebaut. Auch Indien baut einen Meiler. Russland hat angekündigt, sein Atomstromprogramm unbeirrt fortzusetzen. Korea plant bis zum Jahr 2022 den Bau von 22 neuen Kernkraftwerken. In den USA gibt es derzeit 65 Atommeiler, sie decken ungefähr 20 Prozent des US-Strombedarfs; Präsident Obama will die Kernkraft wieder aufleben lassen. In Europa entscheidet jedes der 27 EU-Mitgliedsstaaten in Eigenregie über seinen Energiemix. Die Meinungen und Interessen über Atomstrom sind unterschiedlich. Frankreich, Spanien, Großbritannien, Polen oder Tschechien stellen ihn nicht grundsätzlich in Frage, Österreich lehnt ihn ab. In Frankreich stehen 58 Meiler, in Großbritannien 19, in Deutschland 17, Schweden 10, Spanien 8, Belgien 7, Tschechien 6, Finnland 4, Ungarn 4, der Slowakei 4, Bulgarien 2, Rumänien 2, Slowenien 1 und den Niederlanden 1. Italien und Polen planen neue Anlagen.

Die fünf größten Reaktorbauer der Welt sind die französische Areva, die russische Rosatom und die amerikanisch-japanische General Electric/Hitachi, die südkoreanische Kepco und die japanische Mitsubishi Heavy Industries. Die fünf größten Reaktorbetreiber sind die französische EDF, die russische Atomenergoprom, die südkoreanische Kepco, die amerikanische Exelon und die japanische Tepco (seit Fukushima weltberühmt!). (10)

Der Markt für Windenergie erlebte nicht nur in

Deutschland, sondern auch in Europa und sogar der ganzen Welt im vergangenen Jahr einen Dämpfer. In der Europäischen Union wurden 2010 zehn Prozent weniger Anlagen in Betrieb genommen als noch 2009, teilte der Europäische Windenergie-Verband (EWEA) mit. Dabei zählten Stammmärkte wie Spanien und Deutschland, doch auch Frankreich, Großbritannien und Italien zu den Absteigern. Zuwächse verzeichneten die osteuropäischen Länder Rumänien, Polen und Bulgarien. Und Zypern und die Türkei präsentierten sich als überraschende Aufsteiger.

Auch weltweit betrachtet hat sich der Ausbau der Windkraftanlagen 2010 verlangsamt. Die Neuinstallationen gingen erstmals seit zwanzig Jahren um rund sieben Prozent zurück. Vor allem der US-amerikanische Markt verzeichnete einen starken Einbruch. Ein anhaltender Boom findet auf dem chinesischen Markt statt. China hat sich bei der gesamten installierten Leistung an die weltweite Spitze gesetzt.

Als Hersteller ist die dänische Vestas mit einem Marktanteil von 12,5 Prozent nach wie vor weltweit tonangebend. Dahinter liegen die amerikanische GE Wind (12,4 Prozent) und die indische Suzlon (9,8 Prozent), zu der die deutsche REpower gehört. Die chinesischen Hersteller schließen immer mehr zur Weltspitze auf. Sinovel liegt mit einem Weltmarktanteil von 9,2 Prozent bereits auf dem vierten Rang, vor der deutschen Enercon (8,5 Prozent).

Der deutsche Markt, der Pionier und einstige Antreiber im Windgeschäft, hat inzwischen nur noch einen Anteil von weniger als vier Prozent am globalen Windgeschäft. (11), (12), (13)

BP Energy Outlook 2030

Der von BP veröffentlichte BP Energy Outlook 2030 sieht unter anderem folgende Trends auf dem weltweiten Energiemarkt in den nächsten zwanzig Jahren: Der Primärenergieverbrauch wird um fast vierzig Prozent steigen. Schwellenländer wie China, Indien, Russland und Brasilien dominieren die weltweite Energienachfrage. China wird in zwanzig Jahren am meisten Öl verbrauchen. Das Wachstum der Schwellenländer wird es schwer machen, weltweite Klimaziele zum Kohlendioxidausstoß zu vereinbaren und umzusetzen. Die Diversifikation von Energiequellen wird zunehmen und die nicht-fossilen Brennstoffe (Atom- und Wasserkraft, Erneuerbare Energien) werden erstmals den größten Teil des Wachstums ausmachen. Zwischen 2010 und 2030 wird der Anteil Erneuerbarer Energien (Solarenergie, Windkraft, Geothermie und Biokraftstoffe) am Energiewachstum von fünf Prozent auf 18 Prozent steigen. Erdgas wird der am schnellsten wachsende fossile Energieträger sein. Der Anteil der Kohle am Energiemix wird im Jahr 2030 wahrscheinlich fast so groß sein wie der von Öl. (15)

Trends

Energiekonzerne an der Börse hoch bewertet

Die globale Energieversorgung ist eines der
spannendsten Themen unserer Zeit (neben Finanzen).
Dies bestätigt folgende interessante Beobachtung:
Unter den Top-10-Unternehmen weltweit nach
Börsenwert 2011 wurden kürzlich fünf Konzerne aus
dem Energie- und Rohstoffsektor gelistet: als
ranghöchster die amerikanische Exxon Mobil, auf
Platz drei der chinesische Staatskonzern Petrochina,
dahinter der australische Bergbaugigant BHP
Billiton, auf Rang sieben der brasilianische
Energieanbieter Petrobras und auf Rang neun die
niederländische Royal Durch Shell. In der
vergleichbaren Auflistung aus dem Jahre 2001 war
Exxon Mobil der einzige Energiekonzern. Die ersten
drei Plätze gehörten damals den amerikanischen
Technologiekonzernen General Electric, Cisco und
Microsoft. (14)

Intelligente Energiewelt

Welches Haushaltsgerät verbraucht wie viel Strom?
Wie lange ist der Computer an? Wie verteilt sich der
Stromverbrauch über den Tag? Diese Fragen sollen
bald ganz leicht beantwortet werden können. Bis 2020

soll die Energiewelt intelligenter, smarter, werden. Stromverbrauch und Stromangebot werden bis dahin noch stärker schwanken als sie das bisher tun und damit schwieriger zu prognostizieren sein. Die Anzahl der Stromerzeuger, die dezentral Strom ins Netz einspeisen - beispielsweise Solaranlagen auf Dächern und Mini-Blockheizkraftwerke - wird zunehmen, ebenso wie die Zahl der Elektroautos. Der Stromfluss muss daher intelligent gesteuert werden. Dies soll mithilfe intelligenter Stromzähler, Smart Meter, und intelligenter Netze, Smart Grids, gelingen. Das jährliche Stromablesen durch einen externen Ableser sollte bald Geschichte sein.

Klimaschutz auf der Tagesordnung

Der Energiehunger in den Schwellenländern wächst, die Kosten für die Erschließung von Energiereserven steigen rasant und die Folgen des weltweiten Klimawandels schlagen in den Bilanzen der Ölproduzenten zu Buche. Doch in nahezu allen Veranstaltungen steht heute der Klimaschutz auf der Tagesordnung; Organisationen, Unternehmen und Privatleute sind aufgerufen, ihren Beitrag zu leisten. Bis 2020 soll der Kohlendioxidausstoß in der EU um zwanzig Prozent sinken verglichen mit 1990. Im Jahr 2030 soll er sogar um 35 Prozent geringer sein, 2050 schließlich nur noch die Hälfte betragen. Dazu sollen die Erneuerbaren Energien ausgebaut und beim Energieverbrauch mehr gespart werden.

Zahlen & Fakten

Abbildung 1: Breiter Energiemix

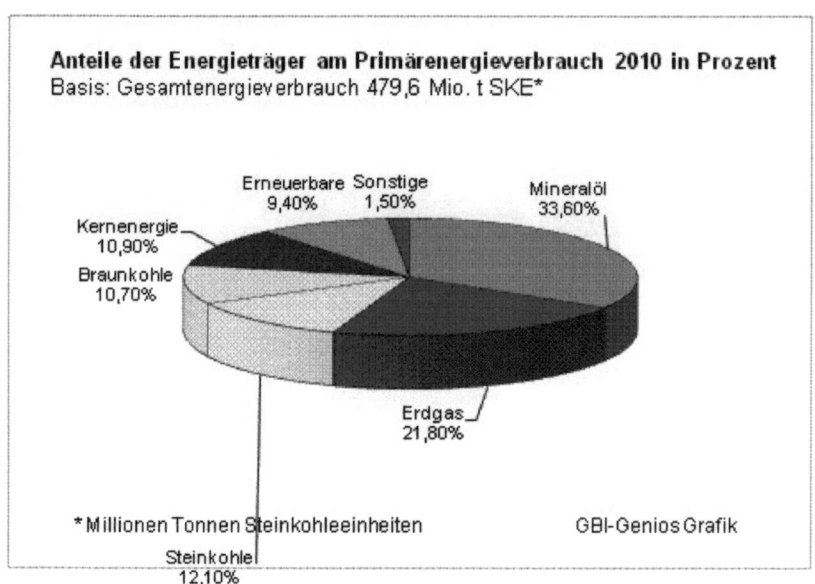

Anteile der Energieträger am Primärenergieverbrauch 2010 in Prozent
Basis: Gesamtenergieverbrauch 479,6 Mio. t SKE*

Erneuerbare 9,40%
Sonstige 1,50%
Mineralöl 33,60%
Kernenergie 10,90%
Braunkohle 10,70%
Erdgas 21,80%
Steinkohle 12,10%

* Millionen Tonnen Steinkohleeinheiten

GBI-Genios Grafik

Quelle: Arbeitsgemeinschaft Energiebilanzen

Entnommen aus: AGEB AG Energiebilanzen e.V., Mitteilungen zum Primärenergieverbrauch, Jahr 2010, (2)

Abbildung 2: Bruttostromerzeugung in Deutschland nach Energieträgern 2010, 2009 und 1990

Energieträger (in Mrd. kWh)	2010*	2009	1990
Braunkohle	147,00	145,60	170,90
Kernenergie	140,50	134,90	152,50
Steinkohle	116,00	107,90	140,80
Erdgas	84,50	78,80	35,90
Mineralöl	7,50	9,60	10,80
Erneuerbare	102,30	94,90	19,70
Sonstige	23,20	21,50	19,30
Bruttostromerzeugung insgesamt**	**621,00**	**593,20**	**549,90**
Stromimport	42,00	40,60	31,90
Stromexport	59,00	54,90	31,10
Stromimportsaldo	-17,0	-14,3	0,80
Bruttostromverbrauch	**604,00**	**578,90**	**550,70**
Veränderung gegenüber Vorjahr in %	+4,3	-5,8	-
Struktur der Bruttostromerzeugung in %			
Braunkohle	23,7	24,5	31,1
Kernenergie	22,6	22,7	27,7
Steinkohle	18,7	18,2	25,6
Erdgas	13,6	13,3	6,5
Mineralöl	1,2	1,6	2,0
Erneuerbare	16,5	16,0	3,6
Sonstige	3,7	3,6	3,5

* Angaben für 2010 zum Teil geschätzt

** Einschließlich Erzeugung in Pumpspeicherkraftwerken

Wasserwirtschaft e.V., Statistik der Kohlenwirtschaft
Entnommen aus: AGEB, Energieverbrauch in
Deutschland im Jahr 2010, (2)

Abbildung 3: Erneuerbare Energien in Deutschland
2010 nach Verwendung und Energiequellen

	Struktur 2010 in Prozent	Veränderung in Prozent
Erneuerbare Energien insgesamt		
Wasserkraft	5,4	3,3
Windenergie	10,0	-5,5
Photovoltaik	3,3	82,4
Biomasse	61,6	12,0
Müll (biogener Anteil)	7,3	10,0
Solarthermie	1,4	10,1
Geothermie	1,5	14,0
Bio-Kraftstoffe	9,5	3,9
Summe	**100,0**	**9,9**
Strom		
Wasserkraft	9,9	3,3
Windenergie	18,3	-5,5
Photovoltaik	6,0	82,4
Biomasse	58,4	10,0

Müll (biogener Anteil)	7,3	10,0
Geothermie	0,0	0,0
Summe Strom	**100,0**	**6,7**
	Wärme	
Biomasse	82,8	14,2
Müll (biogener Anteil)	9,0	10,0
Solarthermie	3,9	10,1
Geothermie	4,2	13,9
Summe Wärme	**99,9**	**13,6**
	Kraftstoffe	
Summe Kraftstoffe	**100,0**	**3,9**

Quellen: AGEB, AGEE-Statistik Entnommen aus: Arbeitsgemeinschaft Energiebilanzen e.V. (AGEB), Energieverbrauch in Deutschland im Jahr 2010, (2)

Weiterführende Literatur

(1) Energieverbrauch hat sich 2010 kräftig erholt. AG Energiebilanzen legt detaillierte Berechnungen für 2010 vor vom 23.02.2011
aus de.init.bfai.fachdb.model.Mkt

(2) Konjunkturelle Erholung und kalte Witterung treiben Energieverbrauch in Deutschland im Jahr 2010

in die Höhe vom 23.02.2011
aus de.init.bfai.fachdb.model.Mkt

(3) Europa: Top 8 Energieversorger 2010
aus Handelsblatt, 11.08.2010, S. 24

(4) D, International: Energieträger zur
Stromgewinnung
aus Die Welt, 26.02.2011, S. 2

(5) International: Top 5 Mineralölkonzerne,
Ölverbrauch 1980-2030
aus Frankfurter Allgemeine Zeitung, 21.01.2011, S. 23

(6) Aktuelle Jahreszahlen 2010. Status der
Windenergienutzung in Deutschland. vom 31.12.2010
aus Frankfurter Allgemeine Zeitung, 21.01.2011, S. 23

(7) Daten und Infos zur deutschen Solarbranche von
2010
aus Frankfurter Allgemeine Zeitung, 21.01.2011, S. 23

(8) D, International: Top Markt für Solarzellen 2008-
2008
aus Frankfurter Allgemeine Zeitung, 13.08.2010, S. 19

(9) Chinas drosselt Export von Seltenen Erden - die
Welt ist alarmiert
aus Tagesanzeiger vom 30.12.2010 Seite 37

(10) Havarie in Peking
aus Süddeutsche Zeitung, 18.03.2011, Ausgabe
Deutschland, S. 22

(11) Abwärtstrend auf Europas Windmarkt
aus www.powernews.org Meldung vom 31.01.2011 -
15:23

(12) Global wind capacity increases by 22% in 2010 -
Asia leads growth
aus www.powernews.org Meldung vom 31.01.2011 -
15:23

(13) Fallwinde treffen Repower Ertrag nach neun
Monaten rückläufig - Finanzierungsengpässe der
Kunden
aus Börsen-Zeitung, 05.02.2011, Nummer 25, Seite 10

(14) International: Top 10 größte Unternehmen 2001
und 2011
aus Die Welt, 08.02.2011, S. 7

(15) Schwellenländer treiben Energienachfrage bis
2030
aus Erdöl Erdgas Kohle, Heft 03/2011, S. 109

Impressum

Branchenreport ENERGIE & ROHSTOFFE Ausgabe 1/2011

Bibliografische Information der deutschen Nationalbibliothek

Die Deutsche Nationalbibliothek verzeichnet diese Publikation in der deutschen Nationalbibliografie; detaillierte bibliografische Daten sind im Internet über http://dnb.d-nb.de abrufbar.

ISBN: 978-3-7379-1877-0

© 2015 GBI-Genios Deutsche Wirtschaftsdatenbank GmbH, Freischützstraße 96, 81927 München, www.genios.de

oder ähnliche Einrichtungen und die Einspeicherung und Verarbeitung in elektronischen Systemen.